Hans-Juergen Klein

Reflexionen über eine steinige Einführung von SAP R/3 HR

Analyse in Form eines Soll-Ist-Vergleiches über eine unternehmensweite Einführung von SAP R/3 HR

GRIN - Verlag für akademische Texte

Der GRIN Verlag mit Sitz in München hat sich seit der Gründung im Jahr 1998 auf die Veröffentlichung akademischer Texte spezialisiert.

Die Verlagswebseite www.grin.com ist für Studenten, Hochschullehrer und andere Akademiker die ideale Plattform, ihre Fachtexte, Studienarbeiten, Abschlussarbeiten oder Dissertationen einem breiten Publikum zu präsentieren.

Dokument Nr. V156726 aus dem GRIN Verlagsprogramm

Hans-Juergen Klein

Reflexionen über eine steinige Einführung von SAP R/3 HR

Analyse in Form eines Soll-Ist-Vergleiches über eine unternehmensweite Einführung von SAP R/3 HR

GRIN Verlag

Bibliografische Information der Deutschen Nationalbibliothek: Die Deutsche Bibliothek
verzeichnet diese Publikation in der Deutschen Nationalbibliografie; detaillierte bibliografische Daten sind im Internet über http://dnb.d-nb.de/ abrufbar.

1. Auflage 2010
Copyright © 2010 GRIN Verlag
http://www.grin.com/
Druck und Bindung: Books on Demand GmbH, Norderstedt Germany
ISBN 978-3-640-68823-4

Projektarbeit im Fernlehrgang
„Projektmanagement –
mit Zertifikat Projektleiter IHK"

Thema:
Reflexionen über eine steinige Einführung
von SAP R/3 HR
(Analyse in Form eines Soll-Ist-Vergleiches über
eine unternehmensweite Einführung von SAP R/3 HR)

Abgegeben von:
Hans-Jürgen Klein

Abgabetermin: 22.09.2010
Abtagetag: 16.08.2010

Vorwort

Diese Projektarbeit widerspiegelt im Abschnitt B.1 der Ist-Darstellung die eigenen Erfahrungen, die ich während des Projektes als Teilprojektleiter „HR" gemacht hatte. Durch die Teilnahme am Kurs „Projektmanagement mit Zertifikat Projektleiter IHK" wurde mir die Chance eröffnet meine Erfahrungen kritisch mit den Erkenntnissen aus dem Kurs zu reflektieren. Allerdings habe ich im Zuge dieser „Selbst-Supervision" den Namen der Firma und die Namen der beteiligen Akteure weggelassen, weil diese im Rahmen dieser wissenschaftlichen Aufarbeitung ohne Belang sind.

Dies sind meine subjektiven Impressionen. Jedoch habe ich auch mit ehemaligen Kollegen, die ebenfalls in diesem Projekt involviert waren, darüber diskutiert, um so auch noch weitere und/oder andere Sichtweisen zu berücksichtigen.

Inhaltsverzeichnis

A Einleitende Gedanken

Die Einführung von Projekten gestaltet sich nach wie vor in vielen Unternehmen als schwierig.

Anhand einer Fallstudie wird eine bereits abgeschlossene Projekteinführung des SAP R/3 Moduls HR in einer Unternehmenseinheit eines Konzerns mit ca. 1.000 Mitarbeitern analysiert.

Diese Projektarbeit möchte einen Betrag zur Offenlegung von notorischen Fehlerquellen, die im Zuge der Projektarbeit gemacht werden, leisten. Exemplarisch wird dies bei der Einführung des Moduls SAP R/3 HR diskutiert. Dabei stehen im Vordergrund die allgemeinen fachlichen Projektmanagementaufgaben und nicht die SAP-R/3-HR spezifischen.

A.1 Erläuterung der Vorgehensweise

Als Vorgehensmodell wird das Strukturmodell der nicht-experimentellen empirischen Sozialforschung gewählt. Diese Arbeit selbst ist im Bereich der Fallstudie zu verorten, d.h. die Reichweite der Erkenntnisse hinsichtlich ihrer Verallgemeinerungskraft ist beschränkt (siehe Kromrey. S.107-122). Der Spannungsbogen ist in Form eines Soll-Ist-Vergleiches aufgebaut. Das Wirtschaftslexikon definiert dazu, dass der *„Soll-Ist-Vergleich im weiteren Sinn der Vergleich der Istwerte und -leistungen mit dem "was hätte sein sollen"'* ist (vgl. Wirtschaftlexikon). Da zuerst der Ausschnitt der Realität dargestellt wird, danach die idealtypische Vorgehensweise bei Projekten, mit den dazugehörenden Instrumenten, handelt es sich bei der Vorgehensweise um die induktive Vorgehensweise (Siehe Gerhing/Weins. S.9f.). Konkret bedeutet dies: In Abschnitt A.2 wird die wissenschaftliche Fragestellung entwickelt. In A.3 werden die zentrale Begriffe „Projekt" und „Projektmanagement" diskutiert. Der Hauptteil beginnt mit dem Abschnitt B.1, in dem die Ist-Situation erarbeitet wird. Folgend in B.2, das zugleich der Schwerpunktabschnitt ist, werden in den Unterabschnitten B.2.1 die allgemeinen Aufgaben des Projektmanagers[1] dargestellt, in B.2.2 zuerst die Instrumente der Projektplanung dargestellt, danach im Unterabschnitt B.2.3 die Instrumente der Projektsteuerung. Es werden jedoch nicht alle Instrumente dargestellt, sondern nur eine Auswahl, die bezogen auf die Ist-Situation sinnvoll gewesen wäre. Das heißt, die effizienter und effekti-

---

[1] Anm.: Die Begriffe „Projektmanager" und „Projektleiter" werden in der Praxis meist synonym verwendet, so auch in dieser Arbeit (siehe PMD).

ver gewesen wären. Im danach folgenden Exkurs wird nur die Wichtigkeit des Konfliktmanagements gestriffen[2]. Im Fazit wird zusammenfassend der zentrale Punkt für erfolgreiches Projektmanagement herausgearbeitet, bezogen auf den konkreten Fall. Die abschließenden Gedanken öffnen den gedanklichen Horizont für die Bedeutung des Projektmanagements für Unternehmen.

Als Quellen werden im Schwerpunkt die Studienbriefe herangezogen und wissenschaftlichen Quellen, die sich mit dem Thema „Projektarbeit" befassen. Wobei, damit die Untersuchung einen breiteren Forschungsansatz bekommt, werden u.a. auch angelsächsische Quellen[3] sowie deutschsprachige Quellen die den gegenwärtigen Stand der Projektforschung repräsentieren, als auch deutschsprachige wissenschaftliche Quellen, die schon mehr als 20 Jahre alt sind, herangezogen. Damit soll auch der Interpretationswandel und der kulturelle Unterschied, insbesondere im Abschnitt A.3, dargestellt werden.

A.2 Entwicklung einer wissenschaftlichen Fragestellung

Ziel dieser Projektarbeit ist es zuerst darzustellen, welche Instrumentarien in einer bestimmten Phase des tatsächlichen Projektes fruchtvoll gewesen wären.

Der Titel der Projektarbeit lautet: Reflexionen über eine steinige Einführung von SAP R/3 HR. Der Untertitel dazu lautet: Analyse in Form eines Soll-Ist-Vergleiches über eine unternehmensweiten Einführung von SAP R/3 HR.

Um das Ziel mit den Titeln zu verbinden wird als Explanandum der tatsächliche Projektablauf mit dem Soll-Projektablauf verglichen, um das Delta zu eruieren. Danach werden auf Basis des Sollablaufs die distinkten Instrumentarien der jeweiligen Projektphase als Explanas verwendet.

Dadurch kann jetzt folgende wissenschaftliche Fragestellung abgeleitet werden: Welche Projektinstrumentarien sind in welcher Projektphase zweckmäßig und zielführend?

Somit wurde für die Projektarbeit eine forschungsleitende Fragestellung generiert, die der folgenden Untersuchung einen roten Faden gibt.

---

[2] Das Konfliktmanagement bezogen auf dieses Projekt wurde bereits ausführlich diskutiert und liegt als sog. „graue Literatur" bei der sgd vor (siehe Klein).
[3] Anm.: Alle Übersetzungen aus der englischsprachigen Originalliteratur wurden vom Verfasser selbst durchgeführt.

A.3 Definition der zentralen Begriffe „Projekt" und „Projekt management"

Da in dieser Arbeit ein Projekt sowie das Projektmanagement in Form einer Soll-Ist-Analyse untersucht werden, sind dies auch die zentralen Begriffe. Zuerst wird der Begriff „Projekt" diskutiert, danach der des „Projektmanagements.

Schmidt definiert in „Methode und Techniken der Organisation" den Begriff Projekt sinngemäß, als Vorhaben, die in ihrer konkreten Art einmalig sind (siehe Schmidt 1988. S.33). Neuburger hingegen definiert im Studienbrief PRJ01 „Projekt" „... *als ein Vorhaben, das im Wesentlichen durch folgende Merkmale gekennzeichnet ist:* [1.] *abgegrenzte Aufgabe*[, 2.] *spezielle, einmalige Zielvorgabe*[, 3.] *zeitliche, finanzielle, personelle oder andere Begrenzungen*[, 4.] *Abgrenzungen gegenüber anderen Vorhaben* [und 5.] *projektspezifische Organisation*" (vgl. Neuburger PRJ01. S.3). Im Vergleich zu Schmidt, ist die Definition Neuburgers des Begriffs „Projekt" wesentlich detaillierter. Der Grund ist vermutlich, dass zwischen beiden Definitionen mehr als 20 Jahre Projekterfahrung dazwischen liegen und der Begriff aufgrund von Erfahrungen wesentlichen spezifischer und damit inhaltsreicher und auch aussagekräftiger geworden ist. Abschließend noch eine Definition aus dem angelsächsischen Sprachraum: Das Project Management Institut definiert „Projekt" folgender Maßen: „ *a project is a temporay endeavor undertaken to create a unique product or serivce*" (vgl. PMBOK Guide. S.4). Die Amerikaner arbeiten an dieser Stelle den zeitlichen Aspekt heraus. Gemeinsam ist allen drei Definitionen, dass es sich um etwas Einmaliges handelt. Damit ist die Definition des Explanadums abgeschlossen. Im Weiteren orientiert sich diese Arbeit and der Definition von Neuburger. Abschließend wird der Oberbegriff der Explanas „Projektmanagement" diskutiert.

Schmidt schreibt sinngemäß, dass für Projekte besondere organisatorische Maßnahmen getroffen werden müssen. Die Gesamtheit aller Vorkehrungen nennt er Projekt-Management (siehe Schmidt 1988. S.90). Neuburger schreibt hingegen, dass Projektmanagement aus zwei Ausprägungen hat, nämlich 1. eine funktionelle i.S.v. Führungstätigkeit innerhalb eines Subsystems und 2. eine institutionelle Ausprägung in Form der Institution „Projektmanagement", welche durch die definierten Projektmitglieder ausgefüllt wird (siehe Neuburger. S. 10). Die relativ abstrakte Definition von

Neuburger, wenn man diese beiden Begriffe „funktional" und institutionell"[4] als katego-rische Begriffe sieht, d.h. als Obergriffe oder Sammelbegriffe von einer Vielzahl von Ausprägungen. Das Project Management Institut definiert Projektmanagement als, „... *the application of knowledge, skills, tools, and techniques to project activities to meet project requirements. Project management is accomplished through the use of the pro-cesses such as: initiating, planning, executing, controlling, and closing. The project team manages the work of the projects,* ... (vgl. PMBOK Guide. S.6). Diese sehr aus-führliche Definition füllt diese beiden Begriffe von Neuburger „funktional" und institu-tionell" mit Inhalt. Daher orientiert sich diese Arbeit bei der weiteren Spezifikation der Explanans an dieser Definition.

Allgemein ist festhalten, dass im Zuge der wachsenden Erfahrung mit der Projektarbeit die Definitionen spezifiziert worden sind. Mit dieser Erkenntnis schließt schließen die einleitenden Gedanken ab. Der Hauptteil beginnt mit der Beschreibung des Istverlaufes des Projekts.

---

[4] Der Gedanke der Institution wird im Hauptteil im Abschnitt B.2 wieder aufgenommen. Der Begriff „Institution" wird in der Wirtschaft sehr diffus verwendet. Normaler Weise versteht die Wirtschaft darun-ter Organisationen, wie z.B. die „Vereinten Nationen". Die Neue Institution-enökonomik bildet die Schnittstelle zu den Politik- und Sozialwissenschaften. Diese definieren als Institution Handlungen, die auf Dauer angelegt sind und durch dass immer wiederkehrende gleiche Verfahren zur Entlastung beitra-gen (siehe Klein/Schubert. S.144f.).

B Hauptteil

In diesem Kapitel wird zuerst der Istablauf des Projekts dargestellt. In B.1 wird einleitend kurz das Unternehmen und die Rahmenbedingungen skizziert. Die Istdarstellung erfolgt zuerst statisch anhand des Projektziels und dann sequentiell durch eine Darstellung des Ablaufs und den eingesetzten Projektmanagementinstrumenten. Der Abschnitt B.2 orientiert sich an der dynamischen Darstellung des „Vorgehensmodells". Die finale Bewertung in B.3 wird dadurch transparenter und leichter nachvollziehbar. Dazwischen wird im „Exkurs" kurz das Konfliktmanagement, das auch zum Projektmanagement gehört angerissen.

B.1 Beschreibung des tatsächlichen Projektablaufes

Bei diesem Unternehmen handelt es sich um eine teilselbstständige Unternehmenseinheit eines Konzerns. Zirka 1.200 Mitarbeiter arbeiteten in dieser Unternehmenseinheit zum Zeitpunkt des Projektstarts. Diese Unternehmenseinheit bestand aus 3 Werken, die in einer räumlichen Distanz von ca. 350 km voneinander getrennt waren. Diese Unternehmenseinheit verfügte über eine eigene IT-Abteilung mit ca. 25 Mitarbeitern verteilt über zwei Standorte. Die Entwicklungsabteilung der Unternehmenseinheit verfügte über dedizierte Kenntnisse auf den Gebiet des Projektmanagement in allen Facetten. Dort existierte auch ein Projektmanagementhandbuch. Die IT-Abteilung der betroffenen Unternehmenseinheit gehörte dem kaufmännischen Bereich an und verfügte über kein Projektmanagementhandbuch. Die Server zum Betreiben der Software standen in einer konzerneigenen Informatikgesellschaft, die rechtlich unabhängig war. Die Informatikgesellschaft verfügte über Wissen auf dem Gebiet von SAP R/3 HR. Die Mitarbeiter der IT-Abteilung der SAP R/3-einführenden Unternehmenseinheit verfügten über kein dediziertes SAP R/3-Wissen.

Die Entscheidung SAP R/3 HR in dieser Unternehmenseinheit einzuführen ist während einer Sitzung des Vorstandschaft des Konzerns gefallen. Diese Entscheidung wurde aber nicht protokolliert. Diese Information gelangte mündlich über den kaufmännischen Leiter der Unternehmenseinheit zum Hauptabteilungsleiter der IT-Abteilung. Aus der Führungsmannschaft heraus wurde eine Planungszelle gebildet, welche die Aufgabe hatte eine Vorstudie durchzuführen. Die Aufgabe bestand darin nach Systemhäusern zu suchen, die über die notwendige Erfahrung verfügten SAP R/3 HR erfolgreich einzuführen. Dazu war es als aller ersten Schritt erforderlich eine Aufnahme der Istprozesse

durchzuführen. Diese Aufgabe gestaltete sich äußerst schwierig, da kein Mitarbeiter[5] in der Personalabteilung über Projekterfahrung verfügte. Das Personalabrechnungssystem wurde zu 100-Prozent von der konzerneigenen IT-Gesellschaft betrieben. Mit anderen Worten: Alles was sich nach der Eingabe der Daten ins System vollzog, war außerhalb des Interessensbereichs der Mitarbeiter der Personalabteilung. Zudem waren die Mitarbeiter nicht besonders kooperativ. Alle Aktivitäten der Planungsgruppe fokussierten sich auf folgendes Ziel:

Abbildung 1: Ziel der Vorstudie zur Einführung von SAP R/3 HR

Ziel der Vorstudie zur Einführung von SAP R/3 HR

Das Ziel dieser Vorstudie ist:

Ein Konzept zu entwickeln, mit dem SAP R/3 HR selbstständig von der IT-Abteilung der Unternehmenseinheit eingeführt werden kann, ohne dabei auf die unternehmensinterne Informatikgesellschaft während der Projektphase Rückgriff nehmen zu müssen. Des Weiteren sollte das „customizing" nach der Einführung durch Mitarbeiter der IT-Abteilung durchgeführt werden können. Einzig und allein, sollte das Basissystem und die Server von der IT-Informatikgesellschaft betrieben werden.

Es wurden Gespräche mit diversen Systemhäusern geführt. In Mitten der Vorstudie kam die Weisung von der Konzernleitung, dass alle IT-Projekte über die konzerninterne IT-Gesellschaft abzuwickeln sind. Darauf nahm man Verbindung zur konzerninternen IT-Gesellschaft auf. Die konzerninterne IT-Gesellschaft präsentierte ihre Realisierungsvorschläge und den Kostenvoranschlag. Es sollte nur das Personalabrechungssystem abgelöst werden und zu den restlichen Systemen Schnittstellen geschaffen werden. Die Aufgabenverteilung war folgende: Die erforderlichen Daten werden von der IT-Abteilung der Unternehmenseinheit beschafft. Alle systemnahen Aktivitäten werden von der konzerninternen IT-Gesellschaft durchgeführt. Das „customizing" wird von der konzerninternen IT-Gesellschaft durchgeführt, mit der Begründung, sollte ein Fehler finanzielle Konsequenzen bei der Gehaltsabrechnung haben, so lehnte die konzerninterne IT-

---

[5] Alle in der Arbeit verwendeten männlichen Sprachformen schließen Frauen mit ein.

Gesellschaft jede Verantwortung ab. Mit anderen Worten: die Aufgabe der IT-Abteilung der Unternehmenseinheit bestand in der Projektphase darin, die konzerninterne IT-Gesellschaft zu unterstützen. Nach Projektende hätte sie keine spezifische Aufgabe mehr, außer das Druckmanagement der Gehaltsabrechnungen.

In der Kick-Off-Veranstaltung wurden die Projektteams vorgestellt. Die Aufgaben waren bereits vorverteilt. Die Teilnehmer aus den Fachbereichen (Personalabteilung Standort A und Personalabeilung Standort B) konnten die Einteilung zur Kenntnis nehmen. Außerdem waren keine Mitarbeiter aus der Anwenderbetreuung der IT-Abteilung des Unternehmens anwesend, die für die Umsetzung des Client-Teils, den PC's der Personalwesen und dem Druckmanagement zuständig waren. Als einziges existierte eine kombinierte Personaleinsatzplaung mit Aufgabenverteilung. Der Projektablaufplan war ein Balkendiagramm, das sich aber ausschließlich auf die Ablösung das Personalabrechungssystem bezog. Dieser Befand sich ausschließlich in Händen der konzerninternen IT-Gesellschaft. Aus Personalmangel war der Teilprojektleiter der IT-Abteilung auch zugleich Teamleiter der Projektgruppe des Personalbereichs von Standort A. Standort B hatte einen eignen Projektleiter. Die Einladungen wurden von der IT-Abteilung der Unternehmenseinheit versandt. Die Moderation wurde vom Teilprojektleiter[6] (TPL) der unternehmenseigenen IT-Gesellschaft und dem TPL der IT-Abteilung des Unternehmenseinheit durchgeführt. Der kombinierten Projektstruktur-/Personaleinsplan sah wie u.a. aus[7]:

---

[6] Anm.: Teilprojektleiter deswegen, weil mehrere Projekte zeitgleich parallel durchgeführt worden sind. Aufgrund dieser Konzentration von Projekten war an zentraler Stelle ein Projektkoordinator installiert worden. Aus seiner Perspektive war dies ein Teilprojekt, daher die Bezeichnung Teilprojektleiter.

[7] Legende:

Teilprojektleiter IT-Abteilung der Unternehmenseinheit:	TPL int.
Teilprojektleiter konzerninterne IT-Gesellschaft:	TPL ext.
Mitarbeiter IT-Abteilung.	MA IT int (X).
Mitarbeiter der konzerninternen IT-Gesellschaft:	MA IT ext (X)
Mitarbeiter Personalwesen Standort A:	MA PW A (X)
Mitarbeiter Personalwesen Standort B:	MA PW B (X)

Abbildung 2: Ist Projektstruktur- und Personaleinsatzplanung

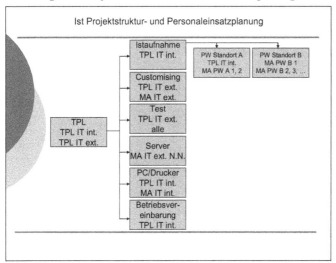

Die praktische Umsetzung sah folgender Maßmaßen aus: Die Aufträge kamen vom TPL der unternehmenseigenen IT-Gesellschaft an den TPL der IT-Abteilung der Unternehmenseinheit. Dieser verteilte sie an den Teamleiter des Personalwesens am Standort B. Hinsichtlich des Personalwesens des Standorts A, wo der TPL der IT-Abteilung in Personalunion der Teamleiter war, setzte er die Aufträge selbst um. Die Daten wurden an beiden Standorten erhoben und vom TPL der IT-Abteilung der Unternehmenseinheit konsolidiert und dann an den TPL der IT-Gesellschaft gesendet. Der TPL fungierte als Schnittstelle zwischen den IT-Gesellschaft und den Personalbereichen. Problematisch waren nur die Daten des Personalwesens vom Standort B, die immer zu spät und/oder lückenhaft waren, so dass der TPL der unternehmenseigenen IT-Gesellschaft immer wieder die Daten nachforderte, die dann über den TPL der IT-Abteilung der Unternehmenseinheit nachgesteuert werden mussten. Diese Situation änderte sich erst als entschieden wurde, dass das Personalwesen von Standort B seine Daten direkt an den TPL der unternehmenseigenen IT-Gesellschaft senden durfte. Danach nahm die Qualität der Daten signifikant zu. Hinsichtlich der PCs, der Benutzeroberfläche, dem Druckmanagement und der Betriebsvereinbarung arbeitete der TPL der IT-Abteilung unabhängig vom TPL der unternehmenseigenen IT-Gesellschaft. Nachdem alle Daten erhoben worden waren nahm der TPL der IT-Abteilung der Unternehmenseinheit als Gast beim „customzing" teil. Das „customizing" wurde in den Räumlichkeiten der unternehmenseigenen IT-Gesellschaft durchgeführt. Parallel dazu wurden die diversen SAP-Systeme

8

(Entwicklungsmandant, Testmandant und operativer Mandat) von der unternehmenseigenen IT-Gesellschaft aufgesetzt. Das Transportsystem und das Berechtigungssystem wurden von der unternehmenseigenen IT-Gesellschaft betrieben. Der TPL hatte in der Rolle als Teamleiter Zugriff auf das Testsystem des Standortes A. Die Tests wurden abwechselnd am Standort A oder B durchgeführt. Der TPL der IT-Abteilung der Unternehmenseinheit nahm in diesen Tests in der Rolle des Teamleiters des Standortes A teil. Die Tests verliefen normal. Das Druckmanagement wurde dabei nicht getestet, weil das nicht zum Leistungsumfang der Projektleistungen der unternehmenseigenen IT-Gesellschaft zählte. Diese Tests liefen danach mit ziemlichen Schwierigkeiten, da von den beauftragten Personen der IT-Abteilung des Unternehmenseinheit keiner über dedizierte Kenntnisse auf diesem Gebiet verfügte. Der Lieferant unterstützte diese Einführung, was aber keine größeren zusätzlichen Kosten verursachte. Die Schwachstelle war die Qualität des Papiers. Zu dünnes Papier verursachte beim Einkuvertieren immer einen Druckerstau. Mit anderen Worten die Kosten entstanden erst im laufenden Betrieb durch den Kauf von teurem Papier. Nach dem offiziellen Projektabschlus wurde ein Wartungsvertrag mit der unternehmenseigenen IT-Gesellschaft vereinbart und eine intensive Betreuung für drei Monate nach dem Projektabschluss vereinbart und für danach eine unbefristete Standardbetreuung.

Die Kosten und das Zeitmanagement wurden in der Darstellung des Istablaufes nicht mitbeleuchtet, da es an dieser Stelle keine Friktionen gab, weil an dieser Stelle relativ großzügig geplant worden war.

Die IT-Abteilung der Unternehmenseinheit hatte, nur Zugriff auf das Testsystem des Standortes A. Alle Aktivitäten wurden von der unternehmenseigenen IT-Gesellschaft ausgeführt.

An dieser Stelle enden den Reflexionen über den Istablauf des Teilprojekts HR. Die idealtypische Darstellung des Projektablaufs orientiert sich an der ursprünglichen Zielsetzung des Projekts aus Perspektive der IT-Abteilung der Unternehmenseinheit.

B.2 Darstellung des idealtypischen Projektablaufes

Wie bereits in den letzten Zeilen des obigen Abschnitts angekündigt, orientiert sich die Istdarstellung an der Prämisse des ursprünglich definierten Projektzieles (siehe Abbildung 1. S.6). Jedes Projekt muss ein Ziel haben, aus dem alle Aktivitäten abgeleitet werden (siehe Wysocki. S.7). Die Bildung des Zieles wird von einer Reihe von Variablen beeinflusst (Siehe Krüger. S.8). Die folgende Abbildung stellt die Verknüpfungen zwischen den einzelnen Variablen dar:

Abbildung 3: Einflussfaktoren der Zielbildung

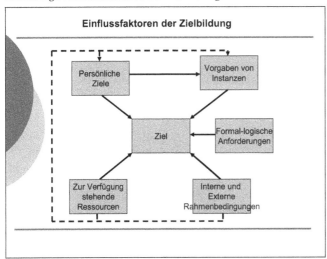

Jedes Projekt läuft in mehreren sequentiellen und parallelen Phasen ab. Neuburger stellt den Projektmanagementprozess wie in Abbildung 4 S.11 dar. Die Autoren der amerikanische Fachliteratur gehen noch einen weiteren Verfeinerungsschritt, in dem sie sagen, dass jeder von u.a. Teilschritten wieder aus einer Initialisierungs-, einer Planungs- einer Ausführungs-, einer Steuerungs- und Abschlussphase besteht (siehe: PMBOK. S.31).

Abbildung 4: Projektmanagementphasen nach Neuburger

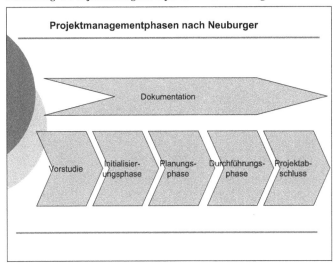

Quelle: Siehe Neuburger PRJ01. S.11.

Diesem allgemeingültigen Projektmanagementphasenmodell ist das SAP R/3 Vorgehensmodell gegenüber zustellen und zu diskutieren[8]:

Abbildung 5: SAP-R/3-Vorgehensmodell

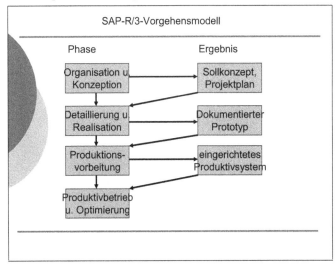

Quelle: CDI (Hg.). S. 319.

---

[8] Anm.: Dieses SAP R/3-Vorgehensmodell entsprach dem damaligen Stand der Technik. Dieses Vorgehensmodell wurde von der CDI-GmbH empfohlen.

11

Beim Vergleich der beiden Vorgehensweisen ist auffällig, dass sich das Vorgehensmo-dell zur Einführung von SAP R/3 ausschließlich auf das SAP-System bezieht, und alle weiteren Aktivitäten außerhalb der Schnittstellen nicht berücksichtigt. Ein Einführungs-projekt von SAP oder einer anderen Software, dass sich ausschließlich auf dieses Vor-gehensmodell bezieht greift zu kurz und verursacht Probleme bei der Einbettung in die Organisation und in die Unternehmensprozesse. Dass noch eine Vielzahl von weiteren Aktivitäten berücksichtigt werden müssen, soll am Aufgabenspektrum des Projektma-nagers bewiesen werden.

B.2.1 Aufgaben des Projektmanagers

Der Projektmanager hat in der Regel ein Bündel von Aufgaben zu erfüllen, die sich quer durch die gesamten Phasen des Projektes ziehen. Sie haben in den verschiedenen Pro-jektphasen unterschiedlich starke Ausprägungen. Die folgende Abbildung zeigt die Aufgaben des Projektmanagers sehr umfassend:

Abbildung 6: Aufgaben des Projektmanagers

Aufgaben des Projektmanagers

Der Projektmanager hat i.d.R. folgende Ausgaben zu erfüllen:
- Projektauftrag akquirieren
- Projektziele abstimmen
- Organisatorische Gestaltung des Projektes
- Planung der Projektleistung, Termine, Ressourcen, Kosten, Finanzen und Budget
- Aufgaben-, Kompetenz und Verantwortungsverteilung
- Teambildung; Rollen, Werte und Regeln festlegen
- Personalmanagement, Mitarbeiterführung
- Koordination und Kommunikation intern und extern
- Dokumentation und Berichte
- Projektsteuerung und Projektcontrolling, Termine Kosten und Leistungsfortschritt überwachen, Budget einhalten
- Vorbereitung und Durchführung von Projektbesprechungen
- Projekt abschließen

Quelle: Siehe PM.

Die Aufgaben des Projektmanagers werden in der Fachliteratur meistens in Projektplanungs-, Projektsteuerungs- und Projektführungsaufgaben kategorisiert[9]. In den Projektphasen „Vorstudie", Inisialisierungsphase" und „Planungsphase" überwiegen die Instrumente der Planung. In den „Durchführungsphase" und beim Projektabschluss" dominieren die Instrumente der „Projektführung und -steuerung". Die Projektphase „Dokumentation" begleitet parallel das gesamte Projekt. Anhand der Dokumentation lässt sich aus der Retrospektive das Projekt rekonstruieren und dabei die Anwendung der eingesetzten Projektmanagementinstrumentarien nachvollziehen.

Im Folgenden werden nicht alle Instrumente vorgestellt, sondern jeweils nur das zweckmäßigste, Die Instrumente zur Kosteneruierung und Kostenverfolgung werden ebenfalls nicht dargestellt, da im konkreten Projekt die meisten der angefallenen Kosten über in interne Verrechnung abgewickelt wurden. Die reinen Beschaffungskosten reduzierten sich auch die Beschaffung der Entgeltdrucker, so wie deren Installierung und Parametrierung. Da es zum Zeitpunkt der Projekteinführung kein Projektmanagementhandbuch für diese Art von Intrakonzernprojekten gab, in dem u.a. die Instrumente vorgegeben werden, orientiert sich diese Arbeit an den in der Fachliteratur empfohlenen Instrumentarien.

B.2.2 Instrumente der Projektplanung

Planung ist für Schmidt „ … *der Prozess der Informationsbeschaffung und Informationsverarbeitung zur Steuerung späterer Realisationshandlungen.*" (vgl. Schmidt 1984. S. 29). Wie in B.1 bereit angedeutet, kommen in den Phasen der „Vorstudie", „Projektinitialisierung" und Planung" die gleichen Projektplanungsinstrumentarien zur Anwendung. Schmidt zerlegt die Phase der Planung in drei Teilphasen, nämlich der „Vorstudie", der „Hauptstudie" und den „Teilstudien". In allen drei Phasen läuft immer derselbe Zyklus ab. Schmidt drückt damit aus, dass über die drei Phasen hinweg eine immer größere Verfeinerung und Detaillierung des Lösungsansatzes – auf Grundlage des Auftrags – stattfindet. Interessanter Weise schreibt er, dass Projekte durch Aufträge gesteuert werden, die jeweils nur für die betreffende Phase gelten (siehe Schmidt 1988. S. 57f.).

---

[9] Anm.: Der Unterschied zwischen Projektsteuerungsaufgaben und Projektführungsaufgaben liegt darin, dass sich die Projektführungsaufgaben auf die Führung und Motivation der Projektmitarbeiter beziehen und die Projektsteuerungsaufgaben auf die inhaltliche Führung des Projektes (siehe Neuburger PRJ04. S.45, 57). Da die Projektführung dieses Projekt schon in der Projektarbeit „Kann von alleine zusammenwachsen was zusammenwachsen muss? diskutiert wurde (siehe Klein), wird in dieser Arbeit nur das Konfliktmanagement in Form eines Exkurses besprochen, um eine Verknüpfung zur anderen Arbeit herzustellen.

Der Vorteil liegt insbesondere in der Planungsphase darin, dass der Auftraggeber auf Grundlage eines Teilergebnisses eine weitere Freigabe erfolgt, oder er die Möglichkeit hat das Projekt an dieser Stelle abzubrechen. Jedenfalls ist der Auftraggeber stark in diesen Prozess involviert und kann sich dadurch ein gutes Bild vom geplanten Projekt manchen. Schmidt nennt diesen Vorgang der Planung und Entwicklung den „Gestaltungsprozess":

Abbildung 7: Der Gestaltungsprozess nach Schmidt

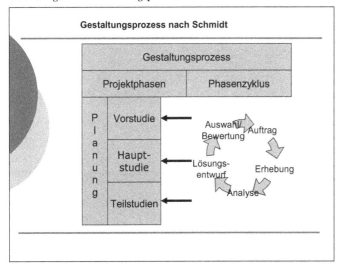

Quelle: Siehe Schmidt 1988. S.57. inkl. eigene Modifikationen.

Bevor ein detaillierter Plan entwickelt werden kann sind, neben dem Projektziel, noch eine Reihe von Informationen erforderlich, beispielsweise über die grundsätzliche Abwicklung von Projekten in diesem Unternehmen – also über die Projektkultur –, historische Daten über die Entwicklung der IT-Landschaft, Informationen über Beschränkungen … (siehe PMBOK. S.42). Fehlen diese Informationen, so wird die gesamte Planung auf eine Reihe von Unwägbarkeiten aufgebaut und kann bei kleinen Abweichungen bereits stark erschüttert werden. Diese Eingangsinformationen sind die Grundlage für eine Reihe von Studien, auf denen dann im Zuge der iterativen Verfeinerung die sog. „Instrumente der Projektplanung" dann aufgesetzt werden.

Neuburger nennt im Rahmen der Projektplanung vier Studien (Absatzmarktstudie, technische Studie, Kapazitätsstudie und die Rechtsstudie), welche als Grundlage für die weitere Verfeinerung der Planung dienen. Als Sollkonzeption sind für dieses Projekt

nur die technische Studie, die Kapazitätsstudie und Rechtsstudie von Belang. Konkret korrespondiert die technische Studie mit der Phase der „Organisation und Konzeption" aus den SAP-R/3-Vorgehensmodell (siehe Abbildung 5. S.11). Die Kapazitätsstudie hinsichtlich des verfügbaren Personals und seinen Qualifikationen und der Rechtsstudie mit den Aufgaben, welche mit dem Betriebsrat hinsichtlich einer Betriebsvereinbarung gelöst werden müssen. Da dieses Projekt nur eine Innenwirkung hatte, war eine Absatzstudie nicht erforderlich. Die weitere Verfeinerung, z.b. in den Phasen der Hauptstudie und Teilstudien nennt er Instrumente der Projektplanung. Instrumente verm. dessen wegen, weil die Ergebnisse aus dieser Studie auch in der Projektführung und -steuerung zum Einsatz kommen und dort mit Hilfe von Steuerungs- und Führungsinstrumentarien weiter gepflegt werden.

Im Zuge der Teilstudien oder –planungen werden Teilpläne erstellt. Die folgende Übersicht stellt den verschiedenen Teilplänen die Instrumentarien zur Erstellung des Teilplans dar[10]:

Abbildung 8: Teilpläne und ihre Instrumentarien zur Erstellung

In der Strukturplanung wird die Aufgabe „Einführung von SAP R/3 HR, so dass das Anwendungssystem und „customizing" komplett von Kräften der Unternehmenseinheit betrieben werden kann" horizontal und vertikal zergliedert. Hier fließen die Erkenntnis-

---

[10] Anm.: Es werden nur die für das konkrete Projekt vier wichtigsten Teilplanungen dargestellt, die hilfreich gewesen waren oder gewesen hätten sein können, wenn sie zur Anwendung gekommen wären.

se aus der Vor- und Hauptstudie mit ein. Das gilt für alle anderen Pläne ebenfalls. Mit diesen Plänen wird dann in die Phase der Projektdurchführung übergeleitet. Alle projektbezogenen Dokumente etc. sind Teil der Projektdokumentation. Die folgenden vier Abbildungen zeigen idealtypisch Planungsergebnisse bezogen auch das Projekt nach Motto, wie sie hätten aussehen können[11]. Als erste Darstellung folgt der Projektstrukturplan:

Abbildung 9: Soll-Projektstrukturplan

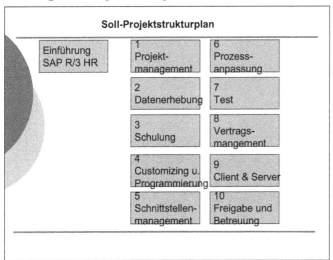

Der Projektstrukturplan ist sozusagen der Nukleus, von dem viele andere Pläne abgeleitet werden. Ein solcher Plan ist beispielsweise das Balkendiagramm (auch Gantt-Diagramm genannt), auf dem die obige statische Darstellung dynamisch über die Projektlaufzeit abgebildet wird. Es existieren mehrere Varianten dieser Darstellung in Form eines Balkendiagramms, so z.B. das Balkendiagramm in Meilensteine. Ein Meilenstein stellt immer den Abschluss einer wichtigen Projektphase dar. Es findet dazu immer eine Besprechung statt, die sog. „Meilensteinsitzung" an der auch entschieden wird, ob das Projekt wie weiter geplant fortgeführt wird, oder ob Modifikationen erforderlich sind. Ein mögliches Balkendiagramm für dieses Projekt hätte folgender Maßen aussehen können:

---

[11] Anm.: Dabei wird allerdings nicht zu sehr in die Tiefe gegangen, um nicht an Transparenz zu verlieren.

Abbildung 10: Soll-Balkendiagramm mit Meilensteinplanung

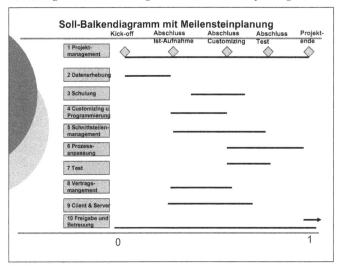

Die Netzplantechnik ist eine andere Darstellung des Projektablaufes, in der die Beziehungen zu den einzelnen Phasen untereinander dargestellt werden. Zeitliche Freiräume und Engpässe werden dadurch ersichtlich. Diese Informationen lassen sich nicht aus oben Gantt-Diagramm ablesen (Siehe Wysocki. S.161-163).

Abbildung 11: Soll-Netzplan

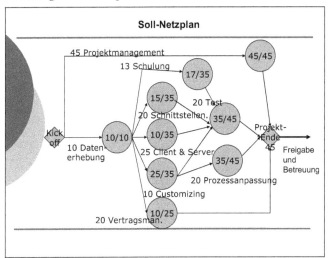

Obiger Plan stellt die zeitlichen Verknüpfungen zu den einzelnen Projektphasen sehr anschaulich dar. In einer weiteren Verfeinerung hätte man noch den „kritischen Pfad" ableiten können. Diese Art der Darstellung ist bei äußert komplexen und langwierigen Projekten ein sehr hilfreiches Instrumentarium. Als letztes Instrumentarium der Projektplanung soll noch die Personaleinsatzplanung vorgestellt werden. Mit diesem Instrumentarium lassen sich Verantwortlichkeiten und über- und Unterstellungsverhältnisse darstellen, so wie in welcher Phase des Projekts wer welche Aufgaben zu erfüllen hat. Eine mögliche Darstellung ist die folgende:

Abbildung 12: Soll-Personaleinsatzplanung

Soll-Personaleinsatzplanung

PS P- Co de	Teilaufgabe (TA) Arbeitspaket (AP)	V[1]	M	I	E	Start(Soll)	Fertigstell ung (Soll)
1.	Projektmanagement	K	U	A	M	KW 0	KW 45
2	Datenerhebung	K	T/E	A	M	KW 0	KW 10
3	Schulung	P	L/G	A	M	KW 12	KW 25
4	Customizing	P	L/G	A	M	KW 10	KW 20
5	Schnittstellenmanage ment	K	S	A	M	KW 10	KW 30
6	Prozessanpassung	K	T/E	A	M	KW 20	KW 45
7	Test	P	L/G	A	M	KW 20	KW 40
8	Vertragsmanagement	K	W	A	A	KW 10	KW 30
9	Client & Server	K/S	C/V	A	M	KW 10	KW 35
10	Freigabe und Betreuung	M	K/P		A		Ab KW 45

V = Verantwortung, M = Mitarbeit, I = Information, E = Entscheidung (Abnahme)

Diese vier soeben vorgestellten Instrumentarien sind natürlich nur eine kleine Auswahl von der Anzahl der möglichen. Ziel dieses Abschnittes war es darzustellen, das die Planungsphase eine eminent wichtige Phase ist, allerdings nur unter der Prämisse, dass die Planungen auf fundierten Informationen und realistischen Annahmen fußen. Das gleiche gilt natürlich auch für die Instrumente der Projektsteuerung. Diese kann nur erfolgreich sein, wenn die Planungen sauber durchgeführt worden sind. Im folgenden Abschnitt – wie in diesem auch – wird nur eine begrenzte Anzahl von zweckmäßig gewesen gewährten Projektsteuerungsinstrumetarien dargestellt.

B.2.3 Instrumente der Projektsteuerung

Die Instrumentarien der Projektsteuerung haben die Funktion das Projekt inhaltlich zu steuern. Dabei sollen im Wesentlichen nach Neuburger vier Managementaufgaben erfüllt werden. Um diese Managementaufgaben erfüllen zu können stehen dazu die passenden Instrumentarien zur Verfügung. Unten aufgeführte Abbildung gibt einen Überblickt über die Managementaufgaben mit den dazugehörenden Instrumentarien:

Abbildung 13: Managementaufgaben und ihre Aufgaben zur Erfüllung

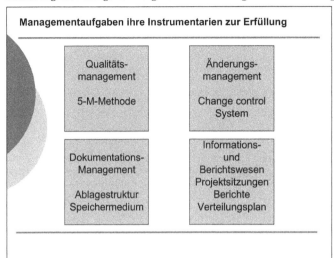

Die zu den vier Managementaufgaben dargestellten Instrumentarien stellen nur einen Teil der möglichen Instrumentarien zur Erfüllung obiger Managementaufgaben dar. Abhängig vom Projektgegenstand können sie variieren. In der Regel sind die zur Erfüllung der Steuerungsaufgaben erforderlichen Instrumentarien im Projektmanagementhandbuch des Unternehmens definiert. In diesem Abschnitt werden nun die in obiger Abbildung dargestellten Managementaufgaben mit den dazugehörigen Instrumentarien diskutiert. Die Instrumentarien wurden nach dem Kriterium ihrer universellen Einsetzbarkeit – und damit wären sie auch im HR-Projekt einsetzbar gewesen – ausgewählt.

Die Aufgabe des Qualitätsmanagement ist es sicher zustellen, dass das Produkt, in diesem Fall SAP R/3 HR – die geforderten Qualitätsstandards erfüllt (siehe Wysocki. S.33f.). Wobei, wenn man sich nur auf die Ausprägungen des Produktes beziehen würde, würden viele Aspekte außer Acht gelassen. Die 5-M-Methode ist eine Methode, die einen ganzheitlichen Ansatz hat, um so das Projekt und seine Rahmenbedingungen allumfasst evaluieren zu können, ob die definierten Vorgaben erfüllt werden (siehe Neuburger PRJ04. S.47-48).

Abbildung 14: Quellen von Qualitätsproblemen

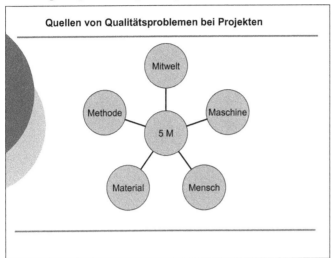

Zu den jeweiligen „M" werden Prüffragen entwickelt. Die Projektergebnisse oder Projektverlauf werden dabei permanent gegen die entwickelten Prüffragen gespiegelt und bei Abweichungen wird entsprechend interveniert um vom Ist wieder auf das Soll zu kommen.

Prüffragen könnten beispielsweise für die „Methode" sein:

1. Ist das Projekt ausreichend strukturiert?
2. Ist das Berichtswesen effizient?
3. Muss das Qualitätsmanagement revidiert werden?
4. …

Die Idee der 5-M-Methode ist es durch permanentes Hinterfragen Schwachstellen offen zu legen und zu beseitigen

Eine weitere Aufgabe im Rahmen der Projektsteuerung ist das Änderungsmanagement. Gründe für Änderungen liegen meistens darin, dass die Planung nicht intensiv und ausreichend tief durchgeführt worden ist. Aber auch neue Erkenntnisse, die aus der laufenden Projektarbeit erwachsen, können eine inhaltliche Veränderung hervorrufen. Wichtig dabei ist, dass das definierte „oberste" Ziel nicht verändert werden darf[12]. Das Änderungsmanagement ist eine standardmäßige Managementmethode, welche im laufenden

---

[12] Anm.: Änderungen des Projektzieles bedürfen immer der Zustimmung des Auftraggebers.

Projektprozess permanent eingesetzt wird, um das Projektziel, dann unter neuen Bedingungen oder Erkenntnissen, zu erreichen (siehe Neuburger. S.52). Das Änderungsmanagement ist ein Prozess, welcher in sechs Schritten abläuft und konsequent eingehalten werden muss.

Abbildung 15: Prozess des Änderungsmanagements

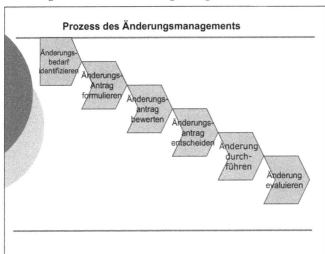

Grundsätzliche Verantwortung für das Änderungsmanagement trägt der Projektmanager. Einen Vorschlag zur Änderung kann grundsätzlich jedes Projektmitglied einbringen. Wesentlich in diesem Zusammenhang ist, dass Änderungen auf strukturierte Weise durchgeführt werden. Kritisch für jedes Projekt ist, wenn Änderungen von Projektmitgliedern vorgenommen werden ohne, dass diese ausreichend kommuniziert werden. Dadurch entsteht ein hohes Maß an Intransparenz und damit verbunden aufkommender Frust innerhalb des Projektteams (siehe PMH). An dieser Stelle wird bereits deutlich, dass die Managementaufgaben miteinander verknüpft sind. Das Ergebnis der Änderung muss evaluiert werden, also muss eine Qualitätssicherung durchgeführt werden. Die Änderung muss kommuniziert und dokumentiert werden, also sind das Berichtswesen und das Dokumentationsmanagement damit ebenfalls betroffen.

Das Dokumentationsmanagement – um an dieser Stelle auf die nächste Managementaufgabe überzuleiten – hat die Aufgabe: 1. neuen Mitarbeitern den Einstieg zu erleichtern, 2. als Basis für eine Revisionskontrolle zu dienen und 3. als Grundlage für Folgeprojekte zu dienen (siehe Neuburger. S.54f.). Um aus der Projektdokumentation auch

einen wirklichen Nutzen ziehen zu können wird folgende Struktur empfohlen (siehe Akademie):

Abbildung 16: Struktur Projektdokumentation

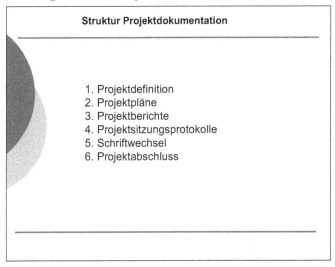

Wichtig dabei für den Projektmanager ist, dass diese Dokumentation vollständig ist. Am besten wäre es, wenn er diese Aufgabe selbst pflegen würde, oder von einer Person des Vertrauens. Das Medium kann dabei elektronisch und/oder in Papierform sein.

Abschließend sei nun das Informations- und Berichtswesen im Rahmen der Steuerungsinstrumentarien dargestellt. Zum Informations- und Berichtswesen zählen die Projektsitzungen, die Berichte und das Informationsverteilungs- und Zugriffssystem, sowie die Präsentationen (siehe Neuberger. S.45-54. PMBOK. S.118-124). Die folgenden Abbildung gibt einen Überblick über die Formen der Projektsitzungen sowie den Berichtsarten:

Abbildung 17: Informations- und Berichtssystem

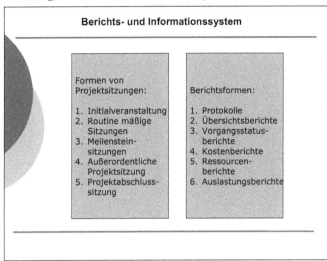

Das Informations- und Berichtssystem besitzt die Aufgabe, die Projektmitglieder und andere berechtigte Personen ereignis- oder zeitgesteuert mit relevanten Informationen zu versorgen. Es dient damit der innerbetrieblichen Informationsübermittlung, wobei hier die Übermittlung von Führungs- und Entscheidungsinformationen im Vordergrund steht (siehe Enzyklopädie).

Projektsitzungen hingegen haben die Aufgabe (siehe Seibert):

1. Weitergabe von Informationen,
2. Informationen abfragen,
3. Beantwortung von Fragen,
4. gemeinsame Findung von Ideen,
5. gemeinsame Entscheidungsfindung,
6. Team von einer Idee überzeugen und
7. Teamgeist fördern.

Die Bedeutung des Informations- und Berichtswesen darf nicht unterschätzt werden, weil die Projektsitzungen und die Bereichte, sowie die Zugriffs- und Verteilungsrechte ein wichtiges Steuerungsinstrumentarium insbesondere während der Realisierungsphase sind.

Abschließend ist zu konstatieren, dass die erfolgreiche Erfüllung dieser Management-aufgaben maßgeblich zum Erfolg in der Durchführungsphase beitragen. Im jetzt an-

24

schließenden Exkurs wird eine Projektführungsaufgabe angerissen, nämlich das Konfliktmanagement.

Exkurs: Konfliktmanagement

Wie schon erwähnt zählt das Konfliktmanagement zu den Projektführungsaufgaben, weil es die Projektmitglieder unmittelbar betrifft. Die Ursachen für Konflikte können mannigfaltig sein. Irwin schreibt, dass die Menschen die Tendenz haben Konflikte aus dem Weg zu gehen (siehe Irwin. S.46). Jedoch sind Konflikte in Projekt systemimmanent angelegt aufgrund der Entwicklungsphasen von Arbeitsgruppen zu denen auch Projektteams zählen. Ballreich/Glasl nach Tuckman folgendes Modell übernommen (siehe Glasl, Kalcher, Piber. S. 24f.).

Abbildung 18: Entwicklungsphasen von Arbeitsgruppen

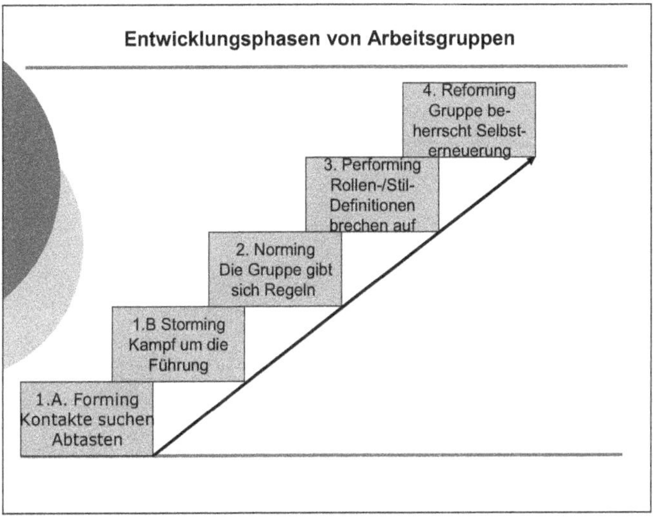

Durch obigen Prozess wird offensichtlich, bevor ein Projektteam eine optimale Arbeitsleistung erreichen kann, müssen erst die Rollen definiert werden. Diese können sogar konträr zu den in der Vorstudie geplanten sein, wenn in dieser Vorstudie die Gruppenaspekte nicht ausreichend betrachtet worden sind. Darüber hinaus gibt es noch eine Vielzahl von Konfliktursachen. In diesem Kontext sei nur noch zusätzlich erwähnt, dass unklare oder unrealistische Ziele eine Konfliktquelle sind, welche die permanenten Konflikte in der Realisierungsphase des Projektes noch zusätzliche verstärken (siehe

Irwin. S.5f.). An dieser Stelle endet der Exkurs mit dem nochmaligen Hinweis, dass dieses Thema bereits ausführlich behandelt worden ist (siehe Klein).

B.3 Fazit

Als Fazit allgemeiner Natur ist zu konstatieren, dass Projektmanagementphasen durchzogen sind von Managementprozessen, die sicherstellen sollen, dass das definierte Projektziel auch erreicht wird. Eine realistische Zielvorgabe ist die Grundlage für eine Reihe von Studien, welche die Planung iterativ immer feingliedriger gestalten, um so die darauf aufbauende Realisierung zu vereinfachen im Hinblick auf unerwartete Hindernisse, welche ein Änderungsmanagement größeren Ausmaßes zur Folge haben können. Insbesondere der Projektmanager muss das Instrumentarium des Informations- und Berichtswesen sicher in Händen halten, weil ihm dadurch die Steuerung des Projektes nicht aus den Händen gleiten kann. Konflikte gehören zum Projektablauf dazu, aber neben den systemimmanenten Konflikt der Gruppenbildung können weitere Konflikte vermieden werden, wenn die Planungen auf realistischen Prämissen fußen und die Planungen selbst umfasst und tief waren.

Bezogen auf den konkreten Fall der schwierigen Einführung von SAP R/3 HR in einem Unternehmen ist zu unterstreichen, dass ein unrealistisches Ziel – nämlich das Modul SAP R/3 HR nach Projektabschluss selbstständig zu führen –, daran scheiterte, weil die bereits bei der Zieldefinition einige externe Variablen, welche die Zielbildung beeinflusst hätten, ignoriert wurden. Daraus resultierte auch, dass die Teilprojektführung dann an den quasi externen Dienstleister überging, der mit seinem Projektplan in Form eines Gantt-Diagramms dann die Richtung vorgab.

Abschließend ist noch die Wichtigkeit des Projektstrukturplans zu unterstreichen. Beim Vergleich von Abbildung 5: SAP-R/3-Vorgehensmodell S.11 zu Abbildung 9: Soll-Projektstrukturplan S. 16 fallen fast keine Unterschiede auf, obwohl sich das SAP-R/3-Vorgehensmodell nur auf das SAP-R/3-System bezieht. Die Unterschiede werden erst deutlich ab der 2. und 3. Gliederungsebene, wenn die Feinheiten zu Tage treten. Mit anderen Worten, je feiner der Projektstrukturplan ist, desto feiner und präziser sind die Pläne, welche auf den Projektstrukturplan aufbauen.

Damit enden an dieser Stelle die wesentlichen Konsequenzen, welche aus der Soll-Ist-Analyse abgeleitet werden konnten.

C Abschließende Gedanken

In einer immer stärker globalisierten Welt, in der sich vor allen Dingen der ökonomische Wettbewerb verstärkt, sind die Unternehmen gezwungen sich immer öfter den sich rasch ändernden Marktbedingungen anzupassen. Eine Methode sich den Erfordernissen des Marktes anzupassen sind Projekte. Projekte sind die Methode rasch Veränderungen im Unternehmen herbeizuführen. Deshalb ist es auch erforderlich, dass immer mehr Mitarbeiter mit der Methode der Projektmanagement vertraut sind, um so zielorientiert Veränderungen im Sinne der Unternehmensführung durchzuführen. Ein Projektmanagementhandbuch, sowie qualitativ hochwertige und einheitlich strukturierte Projektdokumentationen, von bereits abgeschlossenen Projekten, bilden eine Basis, welche das Projektmanagement in Unternehmen institutionalisiert und damit sicherer und erfolgreicher macht.

D Abbildungsverzeichnis

E Quellenverzeichnis

Akademie: http://www.akademie.de/fuehrung-organisation/wissensmanagement/ kurse/projektmanagement-kopie/projektorganisation/berichtdokumentation.html#n2_3_2. Abrufdatum: 06.08.2010.

CDI (Hg.): SAP R/3. Grundlagen Architektur Anwendung. Praxistrainer. Markt&Technik. Buch- und Software Verlag GmbH. München. 1998.

Enzyklopädie: http://www.enzyklopaedie-der-wirtschaftsinformatik.de/wienzyklopaedie/ lexikon/informationssysteme/Analyse--und-Auswertungssysteme--Berichtssysteme. Abrufdatum: 08.08.2010.

Gehring, Uwe W./Weins Cornelia: Grundkurs Statistik für Politologen. 4., überarbeitete Auflage. VS Verlag für Sozialwissenschaften. Wiesbaden. 2004.

Glasl, Friedrich/kalcher, Trude/Piber, Hannes: Professionelle Prozessberatung. Das Trigon-Modell der sieben OE-Basisprozesse. 2., überarbeitete und ergänzte Auflage. Hauptverlag Bern, Stuttgart, Wien. Verlag Freies Geistesleben Stuttgart. 2008.

Irwin, Brian: Managing and Conflicts in Projects. Management Concepts. Vienna VA. USA. 2008.

Klein, Hans-Jürgen: Kann von alleine zusammenwachsen was zusammenwachsen muss? Projektarbeit für den Erwerb des IHK-Zertifikats im Lehrgang „Wirtschaftsmediation" an der sgd Darmstadt. 2010.

Klein, Martina/Schubert Klaus: Politiklexikon. Bundeszentrale für politische Bildung. Bonn. 2006.

Kromrey, Helmut: Empirische Sozialforschung. Modelle und Methoden der standardisierten Datenerhebung und Datenauswertung. 11., überarbeitete Auflage. UTB 1040. Lucius & Lucius. Stuttgart. 2006.

Krüger, Wilfried: Grundlagen der Organisationsplanung. Verlag Dr. Götz Schmidt. Gießen. 1983

Neuburger, Rahild PRJ01: Grundlagen Projektmanagement. Studienbrief der sgd Darmstadt.

Neuburger, Rahild PRJ04: Projektplanung und -führung. Studienbrief der sgd Darmstadt.

Neuburger, Rahild PRJ05: Projektcontrolling und –finanzierung. Studienbrief der sgd Darmstadt.

PM: http://www.ibim.de/projekt/1-6.htm. Abrufdatum: 06.08.2010.

PMH: http://www.projektmanagementhandbuch.de/cms/projektrealisierung/anderungsmanage ment/. Abrufdatum: 08.08.2010.

PMBOK Guide: A Guide to the Project Management Body of Knowledge. Project Management Insititute. Newtown Square. Pennsylvania. USA. 2000.

PMD: http://projektmanagement-definitionen.de/glossar/projektleiter/. Abrufdatum: 12.0.2010.

Scheja, Birgit: PRJ06. Risiko- und Krisenmanagement. Studienbrief der sgd Darmstadt.

Schmidt, Götz 1985 (Hg.): Organisatorische Grundbegriffe. 7. Auflage. Götz Schmidt Verlag Gießen. 1985.

Schmidt, Götz 1988 (Hg.): Methode und Techniken der Organisation. Schriftenreihe der Organisator Bd. 1. 8., völlig überarbeitete und erweiterte Auflage. Götz Schmidt Verlag Gießen. 1988.

Seibert: http://www.siegfried-seibert.de/uploads/MSD-E4/Projektsitzungen.pdf. Abrufdatum: 08.08.2010.

Wirtschaftslexikon: http://www.wirtschaftslexikon24.net/d/soll-ist-vergleich/soll-ist-vergleich.htm. Abrufdatum: 02.08.2010.

Wysocki, Robert K.: Effective Project Management. Traditional, Agile, Extreme. 5th Edition. Wiley Publishing Inc. Indianapolis. USA. 2009.